NOTICE HISTORIQUE
SUR LES
SOCIÉTÉS
CHORALES
ET AUTRES
RÉUNIONS MUSICALES
DE LILLE

Par L. DEBUIRE (Du Buc)
(Auteur des Lilloises)

Prix : 50 centimes.

LILLE
ALCAN LEVY, éditeur, rue des Chats-Bossus, 15.
1858.

NOTICE HISTORIQUE

SUR LES

SOCIÉTÉS CHORALES

ET AUTRES

RÉUNIONS MUSICALES

De Lille,

Par L. DEBUIRE (Du Buc).

LILLE

ALCAN LEVY, éditeur, rue des Chats-Bossus, 15.

1858.

NOTICE HISTORIQUE

sur les

SOCIÉTÉS CHORALES

et autres

RÉUNIONS MUSICALES DE LILLE

De l'avis des personnes les mieux renseignées, il n'est point de ville en France où le goût de la musique et surtout du chant soit plus répandu que dans l'ex-capitale de la Flandre; Toulouse, Montpellier, Marseille, ces pépinières de voix qui fournissent à notre pays ses principaux artistes lyriques, comptent moins de réunions musicales que notre bonne ville de Lille, que l'on pourrait nommer, à juste titre, *la Mélomane*. En effet, en suivant la filière des différentes classes de la société : de l'ouvrier au patron, de l'apprenti au maître, du saute-ruisseau au notaire, tous, pour ainsi dire, font partie, de près ou de loin, d'une société ou au moins d'une réunion musicale ; il serait peut-être possible d'avancer ici que la musique est le véritable terrain de l'égalité ; terrain sur lequel se rencontrent toutes les industries, toutes les professions, toutes les intelligences ; qui sait si elle ne tient pas en ses mains ces destinées civilisatrices qui doivent nous procurer cette *perfectibilité* si ardemment désirée.

Je laisse à d'autres le soin de décider cette question, n'ayant qu'un but, celui de présenter au public une simple statistique des sociétés musicales et chorales de notre ville.

De même que plus d'un grand Etat a commencé par n'être qu'une petite principauté, de même nos sociétés chorales, entourées aujourd'hui d'une auréole de gloire et de célébrité, doivent leur origine à la réunion première dans un modeste cabaret, de quelques jeunes gens, chantant à tour de rôle la romance nouvelle ou la chansonnette à la mode. Je serai donc forcé, pour en faire l'historique, d'entrer dans bon nombre de petits détails, tableaux des mœurs lilloises.

Quoique cette notice soit destinée à faire l'historique des sociétés existantes, je considère comme un devoir de consacrer une partie de mon travail à deux sociétés, éteintes à l'heure qu'il est, mais dont le passage a laissé des traces que les artistes se rappellent avec reconnaissance.

Je veux parler du *Cercle lyrique* et de l'*Association musicale* Je cite d'abord le *Cercle lyrique,* mais sans réclamer pour lui d'autre prépondérance que celle de l'ancienneté; cette réunion s'était donnée pour mission de faire entendre, dans ses soirées bachiques du lundi, les amateurs désireux de se produire en public; sa fondation remonte à 1847 ; l'estaminet de *la Dordrecht,* rue des Tanneurs, fut son berceau. Sept ou huit jeunes gens commencèrent les réunions, auxquelles les étrangers furent admis. Au bout d'un mois, les soirées comptaient quatre-vingts auditeurs. Il fallut changer de lieu de rendez-vous et adopter une organisation réglementaire; on s'en fut à l'hôtel du *Chemin de fer* près de la gare. Un élégant salon permit de donner, quelques concerts indépendamment des soirées bachiques du lundi; mais ce local, situé à l'extrémité de la ville, offrant bien des inconvénients, on chercha à se rapprocher du centre, et le *Cercle lyrique* vint planter sa tente au premier étage de l'ancien *Café de Paris*, qui resplendissait en face du théâtre, à l'emplacement tenu aujourd'hui par le magasin des *Villes de France*. Là, des salons abandonnés par un *club* aristocratique, furent mis à sa disposition. Il prit alors un grand développement : deux cent cinquante personnes assistaient presque régulièrement aux séances du lundi. Le dernier local qu'il occupa, fut le premier étage de l'hôtel *Belle-Vue*, Grande-Place, qui fut témoin de son apogée, mais, hélas! de sa décadence. En 1851, il comptait 50 membres, et ses frais généraux annuels s'élevaient à environ 2,500 fr. Comme les grands fleuves qui commencent par un simple filet d'eau, il avait débuté d'une façon plus que modeste et était arrivé à une grande prospérité, lorsque des réformes proposées par les uns, repoussées par les autres, devinrent le brandon de discorde qui causa sa chute, et une fois de plus :

Le mieux fut l'ennemi du bien. — Que de

gens animés des meilleures intentions devraient commenter ce proverbe.

Le *Cercle lyrique* est la première société qui ait établi pour règle la cotisation uniforme et personnelle de l'*écot;* c'est depuis l'époque de sa création que la somme de soixante centimes est perçue dans les soirées bachiques par chaque assistant ; moyennant cette modique rétribution, on a le droit de se délecter le palais et les oreilles, le premier avec le *jus de houblon,* et les autres avec les romances, chansonnettes, chœurs, etc. — De cette façon, point de comptes particuliers, partant point de réclamations.

Voici comment se passent généralement les choses dans les réunions bachiques :

Après l'exécution d'un morceau, le Président, assis à une table d'honneur qui domine l'assemblée, prononce la parole sacramentelle : *La parole à Pierre, Philémon* (ou tout autre nom du *valet* de l'établissement). *Pierre* ou *Philémon* présente alors, à la ronde, un plateau sur lequel sont alignés les verres de bière; La libation terminée, on passe à un autre morceau, pour revenir à une seconde ingurgitation de liquide, et ainsi de suite jusqu'à la fin de la séance. — Il n'est point rare d'entendre, dans une de ces soirées *bachico-musicales*, vingt morceaux de musique et d'avaler un nombre égal de *pochons* (verres de bière), ce qui ne laisse pas de faire honneur aux estomacs lillois.

Le *Cercle lyrique* ne vit plus que dans la mémoire des personnes qui y ont passé de joyeuses soirées; cependant, il a rendu, dans une certaine mesure, de notables services aux artistes et a, sans aucun doute, contribué au développement du goût musical et surtout du chant, en notre ville.

Indépendamment des membres actifs de la société, parmi lesquels figuraient la plupart de nos solistes actuels, on comptait encore dans son sein quelques-uns de nos chansonniers lillois : *Danis, Du Buc* (1); c'est au *Cercle lyrique* que *Desrousseaux* fit, pour ainsi dire, ses débuts en public ; c'est de là que le goût du patois prit son élan.

(1) C'est aussi en 1848 et au *Cercle lyrique* que je commençai à produire mes chansonnettes en public : *Les Désagréments de Lille, le Marchand d'aches, la petite Revue de Lille*, datent de cette époque.

Plusieurs enfants du Nord, artistes distingués, s'y firent entendre : M. *Ed. Lalo*, violoniste et compositeur remarquable, y exécuta ses brillantes et originales productions; *Edmond Membrée* lui donna les prémices de sa charmante ballade : *Ecuyer, page et capitaine*, etc., etc.

Ainsi vont les choses humaines ; leur grande prospérité n'est souvent que le premier symptôme de leur décadence.

Amen.

L'Association Musicale.

C'est en 1849 que M. Ad. Sinsoilliez, musicien de grand mérite, homme de cœur et de dévouement, conçut la pensée grandiose de fonder une association de tous les artistes musiciens, dans le but de faire progresser l'art en améliorant leur position financière.

Dans le cas probable d'une complète réussite, le résultat de ce projet garantissait aux artistes un salaire immédiat, et leur assurait une retraite pour l'avenir.

Comme toute innovation, l'idée de M. Sinsoilliez rencontra beaucoup d'incrédules; néanmoins, convaincu de la bonté de sa cause, il surmonta les premiers obstacles et procéda à l'organisation de cette institution, à laquelle, pendant toute sa durée, il prodigua son zèle et son aptitude. Les adhérents, peu nombreux, dès l'abord, élurent une commission administrative dont M. H. Bruneel, écrivain distingué, fut nommé Président.

La position de *Secrétaire général*, à qui incombait une immense besogne, fut le lot du promoteur de l'idée; dévoué à son œuvre, M. Sinsoilliez en accepta le lourd fardeau avec bonheur.

La salle du Ramponeau devint le siége provisoire de l'*Association*.

Une fois installés dans ce local, les associés furent répartis en cinq sections :
La 1re de Symphonie.
La 2e d'Harmonie militaire.
La 3e de Fanfare.
La 4e de Chœurs.
La 5e de Musique de chambre.

Les Membres de chaque section procédèrent à l'élection de leur chef respectif.

Un comité musical classa les exécutants suivant leur mérite, et il leur fut alloué par *vacation*, une rémunération relative à leur talent.

Des Membres honoraires furent admis et, moyennant 20 fr. pour les hommes, 16 fr. pour les dames, ils eurent le droit d'assister aux répétitions quotidiennes, ainsi qu'à huit soirées extraordinaires et aux quatre grands concerts annuels. On décida que la répartition des bénéfices serait faite tous les trois mois aux artistes, suivant leur numéro de capacité, assigné par le Jury dont j'ai parlé plus haut.

Les cas de maladie étaient prévus et, maintes fois, des indemnités variant de 25 à 200 fr. ont été accordées.

Etablie sur de telles bases, dirigée par des mains habiles et fermes, entourée des sympathies et des vœux qui accompagnent une semblable entreprise, l'*Association* devait prospérer. En effet, son succès fut prompt, le concours de la majeure partie des artistes lui fut acquis, et les membres honoraires arrivèrent en grand nombre. Aussi, bientôt le local adopté provisoirement devint-il insuffisant; une salle élégante fut construite rue Esquermoise, et l'*Association*, prenant un nouvel essor, vint s'y installer. Ce fut alors une série de soirées, de concerts plus attrayants les uns que les autres; l'avenir pécuniaire de l'institution était assuré. Mais, malheureusement, toute médaille a son revers, et gouverner la phalange artistique est toujours chose très ardue et fort délicate : les susceptibilités, les amours-propres s'effarouchent si facilement que, malgré tous les avantages garantis par l'*Association*, quelques membres de la grande famille se tinrent à l'écart, d'autres même — adhérents dès le principe — se retirèrent. Bref, malgré des résultats incontestables (1), l'idée-mère, celle qui avait présidé à la fondation de l'*Association*, dont le but était de réunir en un seul faisceau les artistes lillois, d'administrer d'une manière légale leurs intérêts en tant qu'associés, l'idée-mère, dis-je, étant devenue impraticable pour des motifs qui ne sont point de notre ressort et pour l'appréciation desquels nous nous récusons complétement, on proposa

(1) Les Sociétaires restants se partagèrent la somme de 12,000 francs, lors de la dissolution.

une dissolution qui fut acceptée à l'unanimité par la commission.

Avant de se séparer, les Sociétaires firent accepter à M. Sinsoilliez une magnifique médaille en or que l'*Association* tenait de la munificence impériale ; ce fait n'a pas besoin de commentaires, et les éminents services rendus par lui à l'Institution expliquent suffisamment la mesure spontanée dont il doit s'honorer d'avoir été l'objet.

L'*Association musicale* a, dans une sphère plus vaste que le *Cercle lyrique*, rendu d'immenses services. Le nombre des artistes qu'elle a fait entendre est infini ; parmi eux, je citerai : Mmes Carvalho, Nau, Ugalde, Steffenone, Lauters, Bosio, etc., cantatrices.

Pour la partie instrumentale : MM. Delabarre, Arban, Godefroid, Servais, Dekontsky, Mmes Dreyfus et Pleyel, etc.

Les Lillois lui doivent d'avoir entendu la célèbre société des Chœurs de Cologne : *Manner Gesang Werein*, que l'on cite comme la première du monde. Enfin, l'*Association* a donné, dans l'espace de sept ans, 147 concerts ou soirées musicales, tant pour ses abonnés qu'au profit des pauvres, salles d'asile, incendiés, etc ; le nombre de ces derniers s'élève à 18, un seul a produit, net, 3,500 fr. On le voit, à côté de ses nombreuses obligations, qu'elle remplissait scrupuleusement, l'*Association* trouvait encore moyen de soulager les infortunes. Grâces lui en soient rendues.

Nous ne terminerons pas sans exprimer le regret d'avoir vu cette institution réduite à ses seules forces; en présence des résultats obtenus, que n'eût-elle point fait soutenue par l'Administration ?

Maintenant que je me suis acquitté d'un devoir en produisant l'extrait de baptême et en faisant l'oraison funèbre de deux institutions dignes d'un meilleur sort, j'arrive à l'objet de cette petite publication.

Je commence par déclarer que, n'ayant pas la prétention d'assigner à nos sociétés chorales le rang hiérarchique dû à leur mérite respectif, j'userai d'un procédé usité en pareil cas, en les citant par ordre alphabétique.

L'Avenir.

Fondée en 1855, composée exclusivement de jeunes élèves du Conservatoire de Lille, cette nouvelle société fait de rapides progrès sous la direction de M. Larsonneur, son habile chef.

On a entendu l'*Avenir* dans plusieurs séances publiques, ainsi que dans différents concerts; tout fait présager qu'elle occupera bientôt une des premières places parmi nos réunions chorales.

M. Danel est son président *d'honneur*, et M. Sauvage le président en titre.

Lieu de réunion, place St-Martin, au premier étage de l'ancien hôtel *Bullion*.

La Concordia.

Cette société date de la sortie de M. Delecambre des *Mélomanes*, qu'il dirigeait précédemment. Plusieurs membres de cette réunion l'ayant suivi dans sa retraite, firent une fusion avec les *Enfants du Nord*. La nouvelle société prit le nom de *Concordia du Nord*.

Dirigée par M. Delecambre, dont le talent est justement réputé, elle fit de rapides progrès; il est vrai que le zèle des exécutants est en rapport avec celui du chef : dévouement d'un côté, bon vouloir de l'autre, on ne peut manquer d'arriver.

La Concordia s'est fait applaudir dans maints concerts, et, en dernier lieu, elle vient de remporter, au concours d'*Orphéons* de Noyon et à *l'unanimité*, le premier prix en *première division*. Ce triomphe est d'autant plus honorable, qu'il a été conquis sur les principales sociétés de Paris.

Les solistes sont MM. Troche, baryton, Vitaux, ténor, et Delobel, *chanteur comique*.

La Concordia tient ses réunions au premier étage de l'estaminet de la *Ville de Cologne*, rue Neuve; elle compte trente membres exécutants au moins, et un grand nombre de membres honoraires.

Crick-Mouls.

Avant d'entamer la généalogie de cette société, la plus ancienne de la cité, il ne nous semble pas inutile de faire connaître le résultat de nos recherches sur l'origine de ces mots : *Crick-Moul*.

Il a été dit bien des choses sur ce phénomène néologique dont la consonnance grotesque étonne l'oreille et pique la curiosité. Les érudits ont fouillé dans leur mémoire ; les savants ont consulté les livres ; les archéologues littéraires ont usé leurs lunettes à compulser les anciens manuscrits ; mais, vains efforts, car malgré les nombreuses recherches des savants, malgré les nuages de poussière soulevés par l'exhumation des vieux parchemins, la cohorte littéraire a fini par proclamer.... qu'il y avait à Lille une société chorale portant le nom de *Crick-Moul*....

Pour moi qui ne suis point étymologiste et qui n'ai aucune prétention à la connaissance des langues mortes ou étrangères, je me contente de constater ce qui existe, sans chercher à jouer le rôle de savant. Or, voici ce que j'ai recueilli :

Il y avait, avant 1836, au *Mouton blanc*, rue de la Vieille-Comédie, une société : *l'Amitié*, dans le sein de laquelle s'était formé un cercle composé des plus joyeux sociétaires : francs buveurs, gais lurons, loustics lillois, appartenant à cette catégorie que nous nommons aujourd'hui *rigolos*. Ces joyeux compères s'étaient donné le nom de *Crick-Mouls*... Pourquoi? à quel propos? dans quel but? A ces questions, je réponds comme Messieurs les savants : « Il y avait à la société du *Mouton*, avant 1836, une réunion de buveurs qui s'étaient ainsi baptisés. »

J'ai souvent, dans ma jeunesse, pris part à un jeu, où, pour se reconnaître, on criait : *tric et trac;* l'on répondait en signe de reconnaissance : *bon, bon!*

On sait aussi qu'autrefois, dans les chambrées, lorsque l'orateur habituel : *la Bouche d'or*, voulait s'assurer que les auditeurs n'étaient pas endormis, il lançait le fameux *cric*, auquel on répondait *crac;* il ajoutait *savate*, on répondait *sabot*, puis *pierre à fusil*, etc. Nous pouvons donc conclure que les sociétaires de *l'Amitié* s'étaient servis de *crick* et *moul* comme mots d'ordre, de ralliement ou d'appel, et que leur origine se perd dans les brouillards de la bière et dans les nuages de fumée du *Mouton blanc ;* à moins que nous n'aimions mieux donner créance à la version suivante, tirée des souvenirs de plus de 25 ans d'un des anciens habitués de cet antique estaminet. Ces souvenirs feraient supposer que le premier emploi de ces deux mots eut lieu pour réprimer un abus dont se rendaient coupables certains consommateurs, trouvant fort commode de *faire estaminet* sans bourse délier, alors que les autres buveurs soldaient leur *compagnage* (1).

On sait que ce proverbe : *qui touche mouille*, est très usité quand il s'agit de l'écot, c'est à dire que le moindre consommateur paie une part égale dans la répartition de la dépense. Or, le président de la petite réunion du *Mouton* voulut mettre bon ordre à l'abus dont j'ai parlé, et il fut convenu que lorsqu'un de ces

---

(1) *Compagnage* pour *compagnonnage*, quoique n'en ayant point la signification exacte. Dans notre pays, le résultat du *compagnage* est de contribuer à l'écot commun ; on dit *compagner*, prendre sa part de la dépense générale.

effrontés grugeurs viendrait impudemment prélever sa dîme sur la consommation générale, le président ferait entendre cette exclamation *crick*, remplaçant le mot *touche*, à quoi le sociétaire chargé de régler le compte à la fin de la soirée, répondrait : *mouille*, ou plutôt *moulle* (le lillois méprise l'*l* mouillée) dont la signification était : *J'ai compris et je note ce glâneur peu scrupuleux qui a toujours soif, qui s'invite lui-même et m'emprunte par an* 365 *pipes de tabac.*

Juste ou fausse, cette explication tirée des mémoires d'un ancien habitué du *Mouton*, présente assez de vraisemblance pour que nous l'enregistrions ici, en ne la présentant toutefois que sous bénéfice d'inventaire.

Arrivons enfin au moment où le mot *crick-moul* va passer dans le vocabulaire lillois.

En 1838, la musique des Sapeurs-Pompiers accepta l'invitation d'assister au concours d'Hazebrouck ; c'est alors que pour la première fois des musiciens, désignés comme la bande joyeuse du corps, songèrent à se donner un nom *jeté*, un *sobriquet* si l'on veut, suivant en cela les habitudes d'un pays où chacun possède généralement plus de surnoms que de prénoms octroyés par les munificences du baptême. Un des membres se rappelant le *crickmoul* des *rigolos* de *l'Amitié*, le proposa, et il fut immédiatement accepté. A partir de ce moment, la musique des Pompiers compta dans son sein les continuateurs, ou peut-être mieux, les usurpateurs des *Crick-Mouls* de *l'Amitié*. Depuis cette époque, cette dénomination commença à se populariser. C'est à *l'Arche de Noé*, place Sainte-Catherine (1), qu'eurent lieu les premières réunions.

En 1846, l'on commença à chanter des chœurs. M. Amédée Carrez fit faire les premières études ; après lui, M. Achille Six, aujourd'hui chef de *l'Union chorale*, prit le bâton de commandement. Les *Crick-Mouls* se produisirent en public, et le succès couronnant leurs travaux, plusieurs songèrent à ériger la réunion en société, avec réglement, etc. Depuis cette époque, les *Crick-Mouls*, composés jusqu'alors *exclusivement* de musiciens des Pompiers, se recrutèrent en dehors de leurs

---

(1) Nous tenons du 1er Secrétaire des CRICK-MOULS les renseignements et dates que nous produisons ici.

rangs. Leur réputation franchit les murailles de la cité et beaucoup de villes fondèrent des sociétés chorales à l'instar de la nôtre.

En 1853, éclata une scission qui fut cause de la retraite d'une partie de ses membres; néanmoins, les sociétaires restants redoublèrent de zèle et leurs efforts maintinrent la renommée des *Crick-Mouls* à la hauteur de sa réputation.

Cette société est sans contredit celle qui s'est le plus illustrée dans les concours; les médailles obtenues à Troyes, Arras, Bruxelles, Clermont, etc., en font foi ; — n'oublions pas cependant qu'elle est la plus ancienne.

Cinquante membres exécutants et deux cents membres honoraires forment le contingent *Crick-Moulien*. Les réunions ont lieu au premier étage de l'*Estaminet de Bruxelles,* Grande-Place.

Le chef de musique est M. Ferdinand Lavainne, compositeur du plus grand mérite ; c'est à son talent et à ses soins que les *Crick-Mouls* doivent cet ensemble, qui leur a valu tant de succès et les a rendus si redoutables dans les concours.

Les solistes sont : MM. Schneider, Gruson, ténors ; Leclercq, basse-taille ; Louis et Désiré Delmer, barytons.

La Gaîté.

Nos renseignements portent à quarante le nombre des exécutants, en partie ouvriers filtiers ou fileurs.

Elle fut fondée en 1848. M. Coulon en est le président.

Malgré l'absence complète de connaissances musicales, les membres de la *Gaîté* ne manquent point de mérite, et ils exécutent avec assez d'ensemble certains chœurs dont les parties leur sont apprises par un *violoneux*.

C'est à l'estaminet du *Petit-Saint-Georges*, rue du Bois-Saint-Sauveur, que se réunissent les membres de cette société.

Les Lièvres.

Cette réunion date de 1847 ; elle prit naissance au cabaret du *Retour du Pêcheur*, place Saint-André, et reçut le baptême dans un établissement de la rue St-Sébastien : *au Pont de Canteleu*. C'est en célébrant la fête de *Noël*, en se partageant, suivant la coutume lilloise, les *coquilles* traditionnelles, que les membres de l'assemblée adoptèrent cette dénomination : *les Lièvres*. Il est à supposer que de même que les quadrupèdes dont ils portent le nom s'en vont brouter à l'aventure, de même les sociétaires du *Retour du Pêcheur* et du *Pont de Canteleu* n'avaient point de lieu de réunion en titre et qu'il voyageaient au hasard en cherchant un endroit favorable pour *gîter*. Cet endroit, ils l'ont trouvé, c'est *l'Epi de Blé*, en face de la halle.

Cette société a un cachet tout particulier; dans les soirées ou assemblées, les femmes et les enfants des sociétaires sont toujours admis; ce sont de véritables réunions de famille qui ont lieu tous les quinze jours.

Les *Lièvres* comptent 50 membres, dont 30 exécutants. Le premier chef fut M. Adolphe Lefebvre; M. Henri Pouille lui a succédé; sous sa direction, l'exécution est devenue remarquable. Quand on considère que pas un des chanteurs n'est musicien, on peut apprécier ce qu'il faut de travail et de patience d'une part, et de zèle soutenu de l'autre, pour arriver à un résultat satisfaisant; aussi ne saurait-on trop encourager de semblables délassements; quand on voit de braves ouvriers, après un rude labeur de toute une journée, venir consacrer à l'étude de la musique plusieurs heures d'un repos si nécessaire à leur santé, on ne peut méconnaître son influence civilisatrice et son effet moral sur les hommes.

M. H. Pouille n'est point seulement un chef infatigable et intelligent, il est encore compositeur de mérite, et parmi les chœurs qu'exécutent les *Lièvres*, il peut revendiquer l'honneur de la paternité de quelques-uns.

Les Mélomanes.

La création des *Mélomanes* remonte à 1848. Comme la plupart des sociétés chorales, elle prit naissance dans la réunion de quelques jeunes gens, dont le lieu de rendez-vous était un estaminet de la rue du Molinel. On y chantait des romances et des refrains à l'unisson, ce qui donna l'idée d'interpréter des chœurs. Quelque temps après, les chanteurs quittèrent l'établissement de *la Belette* et s'en furent au *Ballon*, rue Saint-Etienne; M. Delcambre fut nommé chef. — Du *Ballon* on élut domicile au premier étage du café *Dubrulle*; c'est là qu'eurent lieu les répétitions qui valurent aux *Mélomanes* le deuxième prix au concours de Menin, en 1853.

Quelque temps après M. Delcambre se démit de son emploi ; M. Edouard Malfeson lui succéda et dirige encore cette société. Les *Mélomanes* ont, l'an passé, opéré une fusion avec les *Bachi-Mélos*, et occupent présentement le premier étage de l'estaminet d'*Amsterdam*, rue des Augustins.

MM. Colard et Deturque, ténors ; Edouard Malfeson, baryton ; Duhem, basse.

Les Rasoirs.

Nouvelle réunion chorale. Il est probable que lorsque les membres de cette nouvelle société auront travaillé et acquis une certaine réputation, ils se rebaptiseront et ajouteront un nouveau nom à leur titre actuel, qui nous semble peu artistique. Ils suivront en cela l'exemple des *Crick-Mouls* qui, indépendamment de cette dénomination populaire, ont adopté celle des *Orphéonistes Lillois*.

Sainte-Cécile.

Cette association, qui renferme l'élite de la société lilloise, fut fondée en 1854. Son principal but est l'exécution de la musique chorale *religieuse*. Elle compte environ soixante-dix membres exécutants, dont la moitié est composée de dames.

Indépendamment des membres actifs, elle renferme des membres *auditeurs ;* une troisième catégorie porte le titre de membres *d'honneur ;* cette qualité est le partage des personnes qui, par leur talent et leur position, concourent à la prospérité de l'institution.

M. Danel en est le président et M. Ch. de Franciosi, homme de lettres, dont la plume fine et spirituelle émaille de ses *fleurs* poétiques la plupart de nos publications en vogue, le secrétaire. M. Steinkülber dirige les chœurs.

Bien que nous n'ayons point, nous profane, pénétré dans le sanctuaire, nous savons par la renommée que Messieurs et Dames amateurs composant la phalange de *Sainte-Cécile*, exécutent en véritables artistes.

Les réunions ont lieu du 15 octobre au 15 juin, tous les vendredis ; les trois premiers sont consacrés aux répétitions, et l'exécution a lieu le quatrième.

Les membres auditeurs ont de plus le bénéfice de quatre grands concerts par an.

Le petit salon du Conservatoire impérial de musique est affecté aux réunions.

L'Union Chorale.

A l'époque de la scission qui eut lieu aux *Crick-Mouls*, existait, sous le titre de la *Concorde*, une société chorale dont les éléments primitifs avaient été *exclusivement* des élèves du Conservatoire de Lille. Elle avait débuté sous la direction de M. Théophile Semet, qui commençait alors sa réputation par des compositions de grand mérite, le chœur des *Moissonneurs* entr'autres. Par une de ces singularités que le caractère lillois seul explique, ces jeunes gens s'étaient donné pour vocable : *les Ours*. Qui croirait que Ricquier Delaunay, le pensionnaire de l'Opéra-Comique, aussi distingué par son talent que par ses manières, a fait partie des *Ours*, lui un *lion*...

Le vrai peut quelquefois n'être pas vraisemblable.

Plus tard, sous la direction de MM. Leplus et Duquesne, les *Ours* se trouvant suffisamment *léchés*, firent peau neuve sous le titre de *la Concorde*, et, en 1853, ils fusionnèrent avec la partie émigrante des *Crick-Mouls*, prirent le nom de *l'Union chorale*, et sous cette nouvelle dénomination, partagèrent la popularité qui s'était attachée à ces derniers.

L'*Union chorale* jouit à juste titre d'une bonne renommée ; elle compte un grand nombre de solistes distingués. A M. Duquesne, qui la dirigeait lors de la fusion et qui, pendant quelque temps, contribua à ses progrès, succéda M. A. Six, l'ancien chef des *Crick-Mouls*; c'est encore lui qui la conduit aujourd'hui.

En 1853, le concours d'*orphéons*, qui eut lieu à Arras, mit en présence nos sociétés chorales. Le premier prix, décerné par le jury aux *Crick-Mouls*, fut vivement disputé par l'*Union chorale*, qui obtint le deuxième. Il y eut à ce sujet de nombreuses récriminations ; mais nous nous sommes imposé de ne point émettre d'opinion personnelle sur le mérite de nos sociétés et sur les faits s'y rattachant ; disons seulement, qu'à notre avis, les décisions du Jury doivent être respectées; défavorables, il faut se soumettre, pour se réjouir, se glorifier, lorsqu'elles sont à notre avantage; la fortune n'a-t-elle pas des retours?

L'*Union chorale* possède une magnifique bannière, offerte par le *Cercle du Nord*, qui doit à son fréquent concours l'embellissement de ses soirées.

Comme nous l'avons dit, M. Achille Six est le chef qui dirige avec talent les cinquante exécutants qui forment le *bataillon sacré;* les membres honoraires sont aussi fort nombreux.

Le siége de la société est la salle occupée jadis par l'ex-*Association musicale*, rue Esquermoise.

Solistes : MM. Carlier et Crombet, ténors; Achille Six, basse-taille.

L'objet essentiel de notre publication terminé, nous allons consacrer quelques lignes à chacune des différentes réunions dont le principal but est le chant.

Association Lilloise.

Bien que cette institution ait une portée plus élevée que celle des autres réunions qui font le sujet de cette petite publication, nous ne croyons pouvoir nous dispenser d'en parler ici ; la musique étant un des arts que l'*Association Lilloise* s'est donnée pour mission de protéger. Les soirées ont lieu tous les mercredis, du 15 octobre au 31 mars ; elles sont en partie remplies par l'exécution de romances, airs variés d'instruments, chœurs, harmonie militaire, etc.

La salle, très spacieuse, est située rue Sainte-Catherine. Le président est M. Leglay, archiviste du département.

Les Bleuets.

On sait que l'hôpital connu sous le nom d'hôpital *Comtesse*, fondé au treizième siècle par la comtesse Jeanne, est aujourd'hui entièrement attribué aux vieillards infirmes et aux orphelins pauvres, dont les parents ont occupé dans la bourgeoisie une position honorable.

Les membres de la réunion dont nous parlons, et qui fut fondée en 1847, sont tous sortis de l'établissement des *Bleuets*.

Il y a quelques années, les *Bleuets* perdirent leur président, M. Bovar, homme d'un caractère très jovial qui, de son vivant, avait exigé de ses camarades la promesse de l'accompagner au lieu du repos en chantant quelque refrain populaire.

Nous n'oserions affirmer que son vœu n'a point été exaucé.

Le deuxième dimanche de chaque mois voit les anciens *bleuets* se réunir au *Cheval royal*, marché au Fil-de-Lin, sous la présidence de M. Degouy.

Le Cercle du Nord.

Réunit une grande quantité de sociétaires dont le nombre n'est pas en dessous de 1,000.

Sa création, qui remonte à 1848, jeta la terreur parmi les cafetiers et propriétaires d'établissements publics. Il parut à cette époque une chanson patoise : *la Petite Revue de Lille*, où l'on trouvait le couplet suivant :

> Si j'volos, j'porros vous citer
> Eunne invintion nouvielle;
> Tout l'monde ne l'trouv' point bielle,
> D'mandez à chés maîtt' de café.
> J'porros vous dire,
> Sans voloir nuire,
> Que l'*Chercq' du Nord*
> Leus-a fait grammint d'tort,
> Qui z'on' écrit d'ssus l'mêm' moumint,
> Eunn' biell' lette au Gouvernemint,
> Pour qu'il l'imposse d'*quarant'-chinq pour chint* (1)

Le *Cercle du Nord* est un établissement presqu'unique, renfermant des salons de lecture, salles de billard, salles de jeu, salle de concerts et de plus une tabagie immense.

L'orchestre, composé de l'élite des amateurs et artistes de la ville, donne annuellement quatre grands concerts dans lesquels se font entendre successivement les sommités artistiques de l'époque.

---

(1) Allusion aux 45 centimes imposés par le Gouvernement provisoire.

M. Bénard en est le chef, et M. Darras, l'organisateur.

Les Enfants d'Apollon.

Réunion d'instrumentistes qui, sous la direction de M. Edouard Guilluy, exécutent avec ensemble des ouvertures, quadrilles, marches, etc.

Cette société fut fondée en 1850 et a toujours pris pour lieu de rassemblement une des salles de l'estaminet du *Grand-St-Esprit*, place des Reigneaux.

La Lilloise.

Fondée en 1844 et connue généralement sous le nom de société du *Mouton*.

Du 1er octobre au 30 avril, les assemblées ont lieu le dimanche.

Comme dans nos sociétés bachiques, on y chante à tour de rôle ; mais afin de varier leurs plaisirs, MM. les sociétaires donnent fréquemment des bals de famille. La société est dirigée depuis longtemps déjà par M. Louis Vandenbroucke, dont l'affabilité est proverbiale.

Le local du premier étage du *Mouton*, rue de la Vieille-Comédie, est affecté aux assemblées de *la Lilloise*.

La Jeune Harmonie

Date de plus de 60 ans ; elle a la même institution, les mêmes récréations que la précédente. Son local, très vaste, est situé rue Saint-Nicolas, au premier étage de l'estaminet de ce nom.

Le président, M. Bon.

Sainte-Cécile.

Elle se compose de 35 sociétaires environ, qui se réunissent le lundi de chaque semaine à l'estaminet de la *Poste,* place Saint-Martin ; c'est un diminutif de l'ancien *Cercle lyrique.*

M. Chatteleyn, qui il y a peu de temps encore obtenait de jolis succès comme chanteur, en est le président ; il consacre à cette société ses loisirs, ses soins et son talent de musicien.

C'est dans cette modeste réunion que la plupart de nos chansonniers lillois font entendre leurs nouvelles productions.

La Philharmonique
DE L'HOTEL-DE-VILLE.

Cette réunion est la sœur jumelle de celle du *Grand-Saint-Esprit ;* elle fait ses répétitions et tient ses séances au premier étage de l'estaminet de l'*Hôtel-de-Ville,* rue de la Vieille-Comédie.

M. Louis Moreaux en est le chef.

Grand-Saint-Louis.

Rue de la Monnaie, au premier étage de l'estaminet de ce nom.

Les réunions ont lieu le dimanche et le lundi de chaque semaine; celle du lundi est exclusivement composée d'hommes, tandis que les dames sont admises le dimanche.

M. Bailly en est le président.

Société Philharmonique.

Elle est composée entièrement d'amateurs instrumentistes et tient ses séances à l'Académie Impériale de musique; elle a pour chef M. De Prinst, pianiste distingué, qui jadis exerça le professorat.

Indépendamment des sociétés dont je viens d'énumérer les titres et qualités, on compte encore une quantité innombrable de petites réunions où nos chanteurs et chansonniers ne dédaignent point de se faire entendre.

L'esprit local se retrouve toujours dans les dénominations dont elles se sont gratifiées ; de ce nombre sont : *les Bons-Enfants, le Grand-Sabre, le Bouchon doré,* qui possède un capital de deux millions (*) et un bouchon en or pesant 999 grammes, cadeau émané de l'Empereur du *Tombouctou ; le Sabbat, le Bonnet de Coton, le Petit Couloir, la Porte de Toile, le Crachoir, le Petit Fourby, les Malcontents, les Bons Papas, les Maflants, le Coup d'Huile,* etc., etc.

Mais ces réunions, qui durent rarement plus d'une saison, tirent leur nom de baptême des choses les plus puériles, comme le *Crachoir,* parce que cet ustensile faisait le seul ornement de la salle des réunions, etc., etc.

En général, à part les sociétés chorales où l'étude de la musique d'ensemble est le principal mobile, la chanson *Lilloise* défraie pour

---

(*) En actions sur la fabrique d'huile de Liège.

sa plus grande part les soirées bachiques ; on n'y entend que bien rarement les compositions de nos poètes en renom. Les œuvres de Pierre Dupont, de Gustave Nadaud, sauf quelques-unes dont la popularité s'est étendue à toute la France, sont délaissées par les exécutants; la raison en est bien simple : le patois n'exige point un grand luxe de moyens vocaux, et il couvre de son manteau des idées vulgaires, que le français ne saurait décemment exprimer sans lui retirer cette soi-disant naïveté, qui le plus souvent n'est qu'une crudité d'expressions qui provoque le rire immédiat. Du rire aux bravos il n'y a qu'un pas; tel qui rit à gorge déployée, aurait mauvaise grâce à refuser ses applaudissements à celui qui vient de le dérider.

Nous nous permettrons à ce sujet une petite réflexion. Nous avons lu dernièrement que les jeux de mots sont rarement de bon goût; cette opinion n'est pas neuve, et nous connaissons depuis longtemps ces paroles attribuées à un des grands génies du dernier siècle :

Jouer sur les mots est l'esprit de ceux qui n'en ont pas.

Cependant, nous ferons remarquer que, si

une peinture de mœurs est préférable à un calembour (et tel est notre avis), plusieurs de nos chansonniers renommés n'ont point dédaigné d'y avoir recours; nous citerons entr'autres Désaugiers, dont les œuvres fourmillent de traits de ce genre. En somme, les jeux de mots — les calembours, si l'on veut — prouvent encore une certaine vivacité d'esprit, décriée le plus souvent par ceux qui ne la possèdent pas. C'est un peu l'histoire du *renard à la queue coupée*.

Le calembour dans une chanson est parfois une énigme que l'auditeur n'a pas le temps de deviner au passage, tandis qu'une plaisanterie triviale le frappera immédiatement.

Ces réflexions m'amènent à poser cette question :

De quel côté est le bon goût?

La résoudre me paraît difficile à qui n'a point de parti pris.

Mais écartons cette controverse et proclamons un fait matériel, incontestable : c'est la préférence accordée au patois sur tous les autres genres; il faut, comme nous, assister aux réunions des différentes sociétés dont nous avons fait l'énumération, pour être fixé sur le succès qu'il y obtient. Disons aussi qu'il y est sur son véritable terrain ; là, personne ne rit de confiance ; *Balou*, ce soi-disant mot de ralliement des Lillois n'y soulève point de frénétiques applaudissements ; une partie des assistants ne fait point la grimace lorsque l'autre s'amuse de bon cœur ; non, on rit parce que l'on comprend, parce que rien n'échappe, on rit parce que le trait que vous venez d'entendre, vous l'avez dit le matin, vous le répéterez le soir ; on rit parce qu'il est grotesque et naturel tout à la fois, et qu'il fait, en un mot, partie de langue usuelle.

En présence de cette protection accordée par le public lillois à l'idiome populaire, il y a témérité à se poser en digue au-devant des courants qui le poussent, on risque fort d'être entraîné, et du reste, comme le disait dernièrement M. Bruneel dans une de ses revues bibliographiques : « On ne saurait blâmer les ouvriers de chanter dans l'idiome qui leur a été légué de père en fils ; c'est même pour eux une tradition religieuse que l'on doit respecter. »

Nous partageons entièrement cette opinion ; aussi ne sommes-nous point des derniers à chanter en *patois*, et comme il nous reste encore de la place, nous allons en profiter pour y mettre un nouveau membre de la famille des *Lilloises*.

LE RIGOLO,

Air du Diable à Paris.

A ALFRED DUPONT.

REFRAIN.

Acoutez Lillos,
V'là les gais propos
Qu' j'ai tirés de m'tiête,
Et j'dis qu' dins l'gazette,
Un pórrot bien mette
L' chant des Rigolos.

PREMIER COUPLET.

L' rigolo, ch' grand maît' des bons drilles,
　　Est bien v'nu
Quand i va rire aveuc les filles,
　　Ch'est connu ;
Il a toudi un mot pour rire,
　　Et vraimint,
Aveuc li un a, j' peux bin l' dire,
　　D' l'agrémint ;
Faut l' vir à l' Nouvielle Avinture,
　　S' trémoussant,
Ch'est un balancier pou l' mesure,
　　In valsant.

　Acoutez Lillos, etc.

DEUXIÈME COUPLET.

I jue au baingneau et à l' boule,
　　Au tonniau ;
I faut l'intint' quand i roucoule
　　L'air nouviau ;
I' n'y a point d' parel à l' *galoche*,
　　Inter nous,

Aveuc ses gobatte' il impoche
Les croustous,
S' pièche à buquer tapant un abre
L' f'rot bourler,
I défirot même l' *Grand Sabre*
Pour canter.

Acoutez Lillos, etc.

TROISIÈME COUPLET.

Nia point d' danger qui soich' malatte,
Mes brav's gins,
Quand i s' treuv' din' eunn' régalatte,
Que cop d' dints!!!
Pour boire i n'est point in arrière,
Pus souvint,
I buvrot eun' rondell' de bière
A *Béghin;*
Du café avèuc deux p'tits verres,
Ch'est du thé,
I vidrot des garafe' intlères
A s' santé.

Acoutez Lillos, etc.

QUATRIÈME COUPLET.

L' rigolo n' roul' point d'ssus l' richesse
  Et pourtant,
I n'est point sujet à l' paresse,
  Ni maflant.
Ouvrer pindant toute l' semaine,
  Ch'est sin lot,
Rigoler deux jours par quinzaine,
  A s'n écot.
Il a l' gaîté pour sin partache,
  Cha vaut d' l'or ;
I n' cang'rot point pour l'héritache
  D'un milord.

  Acoutez Lillos, etc.

CINQUIÈME COUPLET.

Quoiqui fabriq' des canchonnettes
  Et des r'frains,
I n' se compt' point des grands poètes,
  Comme certains.
S'il a tros quat' mots dins l' gazette
  Un biau soir,

J' dis qui n'ara point fait d' courbette
Pou l' z'avoir,
Et si un cant' ses r'frains dins Lille
D' timps in temps,
I saute in l'air comme eunn' jeun' fille
D' dije-huit ans.

Acoutez Lillos, etc.

SIXIÈME COUPLET.

Si un dit qu'il a tiêt' légère,
Croyez l' bien,
Il a un cœur tindre et sincère
Pour soutien.
I n' sait point r'fuser eunne offrante,
Ch' bon luron,
Au pauver diable qui li d'mante
Un p'tit rond.
Il a toudis gravé dins s' tiête
Ch' mot fameux :
Ch'ti là qui donne au pauvre, i prête
Au bon Dieu.

Acoutez Lillos, etc.

SEPTIÈME COUPLET.

L' rigolo n'est point eunne imblafe,
Grand ou p'tit,
Car il a du cœur, il est brafe,
Sacristi !
L' premier i n' donn'rot point d' calotte,
Ch'est certain ;
Mais i n' faudrot point qu'un si frotte,
Nom d'un quien !
Il aime à canter rire et boire ;
Sin parrain
L'l'a baptijé, ch'est s' pus biell' gloire :
L' Boute in train,
Acoutez Lillos, etc.

FIN.

Lille, imp. de Alcan Levy.

LES ŒUVRES DE DU BUC

Renferment les Chansons suivantes :

Les Désagréments de la ville de Lille.
L' Marchand d'oches.
L' père Bis.
L'Écrivain public.
Le chant des Archers.
L'Esplanade.
La petite revue de Lille.
Le Champagne de Lille.
Le Broquelet moderne.
L'Épinette.
Mes Chansons.
L' cache min Roux.
L' Cauchon du Diable.
La Guinguette.
L'avinture d' Francos.
L' docteur Balthazar.
Les Fastes de Lille.
La Colonne, pasquille.
Jean Houblon.
Ma Philosophie.
La colonne, chanson.
Les p'tits fils du grand Brull' Mason.
L' Tir à l' cible.
Le vieux Pèlerin.
Philémon, chanson et chœur.
Monsieur Lairbête.
Eh ! soulot !
L' nouvielle infortune d' Francos.
C'est pas tout d'avoir des saucisses.

Mon Eteignoir.
La Pipe cassée.
La Cavalcade de Roubaix.
Souscrivez donc !...
Francos au Marqué au Pichon.
Saint-Eloi.
L' Queue d' min quien.
L'amour, la pipe et la bière.
L' Tableau du Ménage.
Les Dames à l'école de natation.
Le Voyageur.
Les Crinolines.
La Bière à Béghin.
La Marche du cinquième.
L'agrandissement de la ville de Lille.
L'imborgneux.
Les Pompiers d' Lille.
Les faux Bon' hommes.
La Critique.
Les fausses bonnes femmes.
Trilogie de liquides.
L'infant d' Lille.
La Comète du 13 Juin.
Les Tarins et les Cardonnettes.
L' Portrait de Francos.
La Concordia.
L' Beffroi démoli.
Les Plaisirs de la foire.
Hommage à Béranger.
Saint Tabac.
La Vidange à la Mécanique.

Prix du 1er volume, 50 c.; du 2e, 1 fr.; du 3e, 1 fr.

Les 2e et 3e volumes renferment la musique des airs nouveaux de l'auteur.

Lille, imp. de Alcan Lévy.

www.ingramcontent.com/pod-product-compliance
Lightning Source LLC
LaVergne TN
LVHW021706080426
835510LV00011B/1619